DEUX

PIÈCES IMPORTANTES

A JOINDRE

AUX MÉMOIRES ET DOCUMENS HISTORIQUES

SUR

LA RÉVOLUTION FRANÇAISE;

PAR UN TÉMOIN IMPARTIAL.

A PARIS,

CHEZ
{ HOUDIN, Libraire, passage de la reine de Hongrie, rue Montmartre, n° 16;
DELAUNAY, } Libraires, au Palais-Royal;
PONTHIEU, }

Ainsi que Place Victoire, n° 5;

Et chez tous les Marchands de Nouveautés.

DÉCEMBRE 1823.

L'ÉDITEUR AU LIBRAIRE.

MONSIEUR,

DAIGNEZ m'aider à sauver de l'oubli deux pièces qui, sans vous et moi, seraient peut-être perdues pour la postérité. Les écrivains qui nous donnent des mémoires, ou des extraits de leurs mémoires sur la Révolution française, nous parlent, ou de leurs affaires, ou des événemens qu'ils jugent dignes de quelqu'attention; dans tous les cas, c'est leur goût ou leurs intérêts qu'ils consultent; mais souvent, leur goût ou leurs intérêts qui importent déjà fort peu à leurs contemporains, importeront bien moins aux générations futures. En voulant nous *occuper* exclusivement de ce qui les *occupe*, ils glissent souvent sur les seules choses qu'il serait utile de bien connaître : j'en vais donner un exemple.

J'ai lu dernièrement une brochure ayant pour titre : *Extraits des Mémoires inédits de*

M. M.... D......... Dans cet ouvrage, où je n'ai pas compris grand'chose, j'ai été frappé d'un article relatif à une chanson que j'ai beaucoup aimée autrefois ; mais, qu'à mon grand regret, j'ai en partie oubliée. Cette chanson était intitulée : « Les aventures du père *Thomas* et de « mademoiselle *Tempéramment* au Gros-Cail-« lou, ou comme quoi il n'y a que des claques « à gagner à être *aristocrate* ou *feuillant*. »

Croiriez-vous qu'au lieu de nous donner le texte de cette charmante chanson, qu'il convient lui-même avoir souvent chanté à l'armée, l'auteur s'amuse à nous faire lire, sous le titre *d'aventure inexplicable*, un long logogryphe dont peut-être nous n'aurons jamais le mot?.....

Vous savez, Monsieur, combien on tient aux souvenirs qui nous reportent à notre premier âge et à nos premiers goûts. La citation de M. M...., qui d'abord m'avait fait plaisir, me fit ensuite éprouver de vifs regrets, ma mémoire ne m'ayant jamais pu fournir qu'une partie des couplets. Des amis, témoins de ces regrets, s'imaginèrent qu'il était très-facile de me satisfaire, et m'engagèrent à m'adresser à M. M.... lui-même pour en obtenir la chose désirée. Il était vraisemblable que l'ayant souvent chantée à l'armée, comme il le dit dans ses *extraits*, il ne l'aurait pas oubliée et ne me refuserait pas un aussi mince service. Déjà, dans l'espoir de me voir exaucé, mes amis m'avaient disposé à faire imprimer la chanson et m'en avaient retenu beaucoup d'exemplaires. Je me croyais d'autant plus autorisé à entreprendre cette impression, que MM. R... et M.... refusant tous deux de s'en avouer les auteurs, cette chanson, au bout de trente-deux ans, devait être considérée comme tombée dans le domaine public. D'ailleurs, j'étais et suis encore tout prêt à indemniser de ma bourse celui des deux qui réclamerait sa propriété. M. M...., à qui je faisais part de ce projet, ne m'ayant pas répondu, j'ai cru que son libraire serait plus honnête, mais je m'étais trompé, et n'en pus rien obtenir. J'aurais pris plus facilement mon parti sur ce contre-temps, s'il ne se fût agi que d'une chanson; mais je la considérais comme un véritable monument historique, et voici nos raisons.

Le mot *aristocrate* est connu, et depuis long-temps; mais il n'en est pas de même du mot *feuillant*; et si jamais nos neveux l'entendent prononcer, beaucoup d'entre eux auront de la peine à concevoir pourquoi, lorsqu'ils *florissaient* il n'y aurait eu que des *claques à gagner* à se ranger parmi eux. L'aventure de Mademoiselle TEMPÉRAMMENT, qui ne résout pas ce problême d'une manière bien satisfaisante, fournira du moins des conjectures, et ces conjectures pourront conduire à la vérité.

Bien des gens prendront dans deux cents ans les *aristocrates* pour des *ultrà*, et les *feuillans* pour des *ventrus*. Il faut que la postérité sache que ce que les *ventrus* d'alors demandaient sous cette formule : LA CONSTITUTION, TOUTE LA CONSTITUTION, RIEN QUE LA CONSTITUTION, est aujourd'hui la devise et le vœu non seulement des VENTRUS, mais encore de tout le CÔTÉ GAUCHE, et peut-être de toute la France.

On conclura de ces raprochemens tout ce que l'on voudra, mais, dans tous les cas, il me semble que MM. M.... et Pl...... auraient dû faire plus d'attention à une réclamation honnête.

Mademoiselle TEMPÉRAMMENT n'est pas une tricoteuse, c'est une patriote un peu chaude, mais qui n'en doit paraître que plus intéressante dans le temps où nous vivons.

Piqué du refus de nos Messieurs, je me suis cru autorisé à fouiller partout où j'avais l'espérance de découvrir la pièce précieuse que je désirais fournir à mes amis. J'ai eu le bonheur de retrouver au *Gros-Caillou* une arrière cousine de Madame MIROTON, chez qui la scène s'était passée. J'ai remonté, par le canal de cette arrière-cousine, jusqu'au neveu du père THOMAS, et par lui, à mademoiselle TEMPÉRAMMENT elle-même, qui, bien que dans un âge avancé, a conservé toute la vigueur patriotique qui la recommandait jadis aux habitans du *Gros-Caillou*. Mademoiselle Tempéramment me donna sans balancer la chanson faite jadis par M. le comte R..., et dont le père Thomas lui avait laissé une copie. Par malheur, cette copie, qui vraisemblablement avait été écrite *avec une plume d'auberge*, se trouva orthographiée en plusieurs endroits de manière à laisser du louche sur le sens de quelques mots où l'on ne distinguait que l'initiale avec des points.

Mademoiselle Tempéramment, consultée par moi sur ces lacunes embarrassantes, me dit, pour tout renseignement, que là où le mot f..... était suivi de quelques points, il fallait lire: FLANQUER, quoiqu'en ait voulu prétendre quelques commentateurs moins délicats. Je pris note de ces explications, auxquelles vous voudrez bien avoir égard.

Pour les autres difficultés que je pourrais rencontrer dans la copie, mademoiselle Tempéramment me renvoya, pour les lever, à monsieur l'abbé Sal...., patriote de Sens, *en* ou *sans* Bourgogne (*a*).

Je me rendis à Sens, afin de pouvoir assurer à

(*a*) Les gens qui ne veulent pas que la ville de Sens appartienne à la province de Bourgogne, assurent que l'on a toujours dit, ou dû dire, Sens sans Bourgogne. *Non nostrum......*

mes amis que je n'avais rien négligé pour éclai-
rer ce point DE FUTURE ANTIQUITÉ. Je n'y trou-
vais pas M. l'abbé S....., et j'en fus très-fâché. Il
avait connu très-particulièrement mademoiselle
TEMPÉRAMMENT et le GROS THOMAS, avec qui il
avait souvent trinqué dans les cabarets du pays;
ancien ami de M. R..., il avait adopté sa chanson, qu'il chantait dans toute les solemnités patriotiques; malheureusement, depuis cette épo-
que, il avait changé vingt fois d'opinion et de
parti, et fuyait avec une affectation ridicule
ses anciennes connaissances. L'humeur que
quelques-uns en avaient prise, les porta à me
raconter une aventure arrivée à la calotte de
M. l'abbé Sal..... Cette aventure, qui ne me parut
d'abord que plaisante, se présenta ensuite à
mon esprit sous une forme plus sérieuse. J'y
crus voir comme dans celle de mademoiselle
TEMPÉRAMMENT, un nouveau monument de
nos temps d'orages, monument bon à conser-
ver pour l'instruction des générations futures.
On en va juger.

HISTOIRE DE LA CALOTTE DE L'ABBÉ SAL....,
Patriote de Sens.

Le patriote Sal.... ayant cru devoir, en 91, passer de la chaire de vérité dans la tribune de la société populaire de Sens *en* ou *sans* Bourgogne, ne négligeait rien dans ses harangues patriotiques pour faire oublier au peuple de sa ville l'état que des parens *fanatiques* et *imbécilles* (c'était son expression), l'avaient forcé d'embrasser, contre ses vœux et ses goûts les mieux prononcés. Pour prouver à *ses frères* combien il détestait sérieusement ses anciennes erreurs, il donna un jour, à la tribune, un coup de théâtre qui fit le plus bel effet dans la salle de la société patriotique, dans toute la ville et le département. Il saisit avec fureur sa calotte, qu'il n'avait pas encore déposée, la jeta au milieu de la salle, et jura que jamais elle ne reparaîtrait sur son crâne volcanisé.

> ....La calotte, en volant,
> S'en va frapper le mur, et revient en roulant.

Un frère, qui exerçait à Sens l'état de réparateur de la chaussure humaine, voyant la calotte arrêtée devant lui , la ramassa, et s'adressant à l'abbé décalotté :

« Frère, lui dit-il, j'approuve ton ressenti-
« ment, s'il est sincère, mais ne crois pas que
« tout le fracas que tu viens de faire m'empêche
« de surveiller ta conduite, mon œil observa-
« teur te suivra partout ; je te rendrai toujours
« justice si tu restes fidèle à la cause du peuple ,
« mais si jamais tu retournes à tes anciennes ha-
« bitudes , je te ferai parvenir partout ta *calotte*
« que j'emporte , et te rappellerai ainsi ta
« double apostasie. »

Le respectable pontife a gardé pendant vingt ans la *calotte* abdiquée. Toute la ville de Sens a vu et connu cette calotte, qui renfermait les clous dont se servait le bon savetier ; mais ce-lui-ci ayant ensuite appris combien M. Sal.... s'était écarté *des principes*, il l'a fait chercher partout pour la lui remettre, et se débarrasser de ce qu'il ne considère plus que comme un dépôt.

Il a écrit à plusieurs journalistes libéraux pour savoir ce qu'était devenu l'abbé Sal..... et où il pourrait remettre sa calotte, mais les libé-raux ne connaissent l'abbé S..... que de réputa-tion : il a tant changé de quartiers , de sociétés et d'opinions, que l'on ne sait plus guère où le trouver. Heureusement j'ai acquis, par hasard, quelques notions qui me mettent à même d'en-

voyer à peu près son adresse au pontife de Sens,
en échange de la bonne grâce qu'il a mise à me
raconter avec tous ses détails, l'histoire de son
ancien ami et celle de sa calotte.

M. S......, ci-devant abbé, ci-devant libéral,
est en ce moment enfermé à Nainville, près Che-
vannes, jolie campagne, où il s'occupe avec un
noble seigneur, à réparer une catastrophe que le
dit seigneur s'est attirée *par sa gentillesse*. La ville
de SENS comme toutes les autres, verra inces-
samment des Mémoires, dont le style n'aura rien
de commun avec celui dont l'auteur usait jadis
à la tribune de *l'endroit*. Si M. S...... parvient à
blanchir son homme, cette opération lui fera
honneur, mais qu'il y réussisse ou non, l'histoire
de sa calotte n'en sera pas moins une pièce
historique et digne de figurer dans le tableau
moral de la révolution.

La seconde pièce, plus gaie que la première,
est faite pour intéresser les amis de la joie et de
la patrie. J'ai placé ces deux pièces dans le même
cadre, afin de les transmettre, l'une portant
l'autre, à la postérité, qui en serait privée peut-
être, si on eut compté, pour les faire connaître,
sur les écrivains qui font aujourd'hui de l'histoire sans goût et sans discernement.

*Les Aventures du PÈRE THOMAS et de made-
moiselle TEMPÉRAMMENT au Gros-Caillou, ou comme quoi il n'y a que des claques
à gagner à être aristocrate ou feuillant.*

AIR : *Su l' Port avec Manon, un jour* (DE VADÉ).

Un jour, j'avais bu joliment ;
Et quand j'ai bu, j' suis vert-galant,
Y' aisément cela se peut croire,
J' pressais mam'sell' Tempéramment :
J' voulais lui... queuq'z'un m' dit : BELL'MENT.

« Bast ! hé qui sont les ceux qui disent BEL-
« L'MENT ? j'ai d'lamiquié pour mam'selle Tem-
« péramment ; j'veux y en fournir une preuve ;
« c'est un décret ça, et l'premier mâtin qui vou-
« dra y f..... (a) son véto,

Je veux être un chien,
Y à coup d' pié, y à coup d' poing,
J' l'i cass'rai la gueule et la mâchoire.

Sous l'menton d' ma belle à l'instant,
J' fais claquer un baiser brûlant,
Y aisément cela se peut croire.
Puis, l' verre en main, à l'unisson ;
J' chantons tous deux VIV' LA NATION !..

____

(a) *Flanquer*. Note de mademoiselle TEMPÉRAMMENT.

« Fallait nous entendre ! mam'sell Tempé-
« ramment f'sait branler les vitres ! y avait là
« eun tendresse rousse comm'Pastoret, les yeux
« rouges comm'Ramond et l'nez retroussé com-
« m' Dandré. — Hé ! mon dieu, Mossieu, avec
« votr'nation, vous m'fendez l'z oreilles.—Queu
« saguernon, faudrait être chien pour te fen.....
« aut'chose ! — Chien, toi - même, me dit son
« marcassin qui la lichait ; là'd'sus i'm'porte un
« d'sous d'gueule ; moi, j'l'i f...... un ramplan
« su' l'baptême ; et

> Je veux être un chien,
> Y à coup d' pié, y à coup d' poing,
> J' li cassi la gueule et la mâchoire.

> Au bruit des verres qu'on brisa,
> L'hôtesse en jurant arriva,
> Y aisément cela se peut croire.
> V'là ti pas qu' madam' Miroton,
> Avec moi voulut prendre un ton !

« Père Thomas, m'dit-elle, je n'connais qu'-
« toi, tu payeras pour tous !—Pour tous ! hé non,
« madame Miroton, j'payerai mon écot, tout
« mon écot, rien que mon écot, si vous n'êt'-
« pas contente, t'nez vous ben ; car

> Je veux être un chien,
> Y à coup d' pié, y à coup d' poing,
> J' cass'rrai la gueule et la mâchoire.

M'entendant parler, un quidant
Crut aussitôt qu'j'étais feuillant,
Y'' aisément cela se peut croire.
Mon cher, dit-il, m'tendant la main,
Nous f...... l' tour aux jacobins.

—« Bast ! —Oui, ce sont tous des coquins ; il
« n'aiment que la liberté et l'égalité ; ils n'ont
« pour eux qu'la raison, l'peuple et les piques ;
« le Roi n'les aime pas du tout ; et ses ministres
« donc !... Ha ben ? ha ! ben ! tenez, mon brave,
« prenez c' t'assignat, nous comptons sur vous,
« et vot'bras vigoureux.—*Oui, mon bras vigou-*
« *reux !* pan ! Fanchon, souflez la chandell' v'là
« Monsieur qui s'couche :

Je veux être un chien,
Y' à coup d'pié y' à coup d'poing
J'l'i cassis la gueule et la mâchoire.

Je paye mon écot ben content
Avec l'assignat du feuillant ;
Y' aisément cela se peut croire.
Puis j'm'en r'tournais gaîment, sans bruit,
Un grand flandrin m'aborde et m'dit :

« PÈRE THOMAS, vous avez là eun' mauvaise
« affaire, vous v'nez d'battre un homme ; vous
« allez être poursuivi.... tenez, v'nez avec moi,
« dans l'armée d'son altess' monseigneur le
« prince de Cobourg.—Parle donc ! hé ! jardi-

« nier de Coblens, est-ce que tu me prends pour
« une laitue, pour me f....... en plate bande ?

> *Je veux être un chien,*
> *Y' à coups d' pié, y' à coups d'poing,*
> *J'l'y cassis la gueule et la mâchoire !*

> *Je m'en r'tournais tenant gaîment*
> *Sous l'bras mam'sell' TEMPÉRAMMENT,*
> *Y aisément cela se peut croire.*
> *J'chantions toux deux : Vive l'union,*
> *Vive la loi, la Nation.*

« Deux procureurs, qui passaient, levèrent
« les épaules en disant : en vérité; i'n'ya qu'des
« va-nu-pieds qui puissent chanter des chan-
« sons comme çà ! TONNERRE DE DIEU ! des VA-NU-
« PIEDS ! moi qui l'matin même avais acheté une
« vrai paire de souliers de cent-dix sols, je cours
« après eux, j'les rattrape, j'leurs en f...... à
« chacun pour cinquante-cinq sols dans l'cu, et

De l'imprimerie de DAVID, rue du Faubourg Poissonnière n° 14

www.ingramcontent.com/pod-product-compliance
Lightning Source LLC
Chambersburg PA
CBHW051453060726
47596CB00006B/2746